Ingrid Moras

Dekorativ
Flaschen-Figuren

Creativ Compact

CHRISTOPHORUS

Inhalt

Witzig & dekorativ

Warum leere Falschen wegwerfen, wenn man sie mit etwas Fantasie, Farben und Draht in edle Vögel, pfiffige Figuren und witzige Tiere umwandeln kann? Durchforsten Sie – wie ich – Ihre Altglasbestände und Sie werden erstaunt sein, welche Schätze Sie dort finden. Vielleicht hilft auch der Nachbar aus.

Mit wenig Aufwand entstehen zauberhafte Dekorationen und individuelle Geschenke. Für alle, die eher praktische Hingucker suchen, hält ein Eisbär das Handy, ein Pinguin die Brille, ein liebenswerter Briefträger Post und Briefmarken und ein vergesslicher Professor alle wichtigen Termine. Andere Figuren dienen als Vasen, Kerzenhalter oder Sparkasse. Persönliche Schutzengel oder andere herzige Figuren erfreuen liebe Bekannte oder muntern Kranke auf und mit dem Hochzeitspaar kann man auf besondere Weise seine Glückwünsche überbringen.

Lassen auch Sie sich inspirieren vom edlen Glas und zaubern Sie Ihre eigenen individuellen Flaschengeister. Ich wünsche Ihnen viel Spaß dabei.

Ingrid Moras

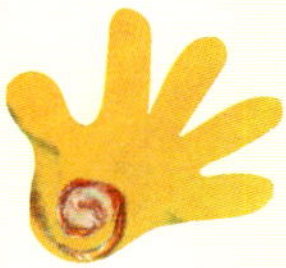

Material & Technik

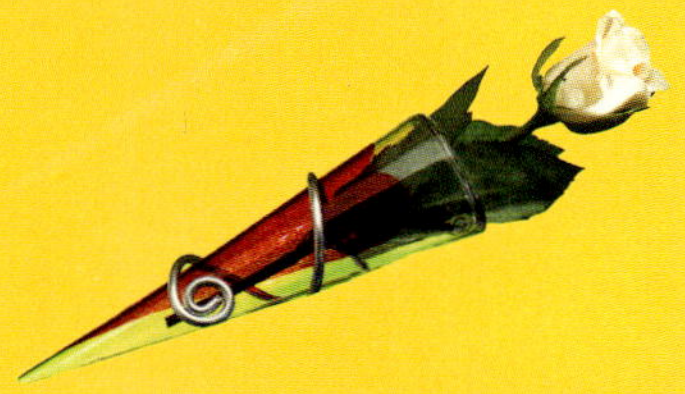

Die Flaschen

Nahezu alle Flaschen in diesem Buch sind Wegwerf-Glasflaschen von alkoholischen Getränken, Mineralwasser, Saft, Essig und Öl usw. Es gibt aber auch schlanke Glasflaschen im Hobby-Fachhandel zu kaufen oder ganz ausgefallene Flaschenformen in Feinkostläden, die Essig und Öl verkaufen.

Die Köpfe

Gesichter mit einem dünnen Pinsel entweder direkt auf die Flaschen oder auf Holzkugeln malen. Auch Teelichthalter können als Kopf dienen. Augen werden wirkungsvoller, wenn das schwarze Auge auf einen größeren weißen Kreis gemalt wird. Zum Schluss mit dem Pinsel oder einer Sticknadel einen weißen Lichtpunkt auftupfen. Für glänzende, etwas erhabene Augen 3D-Lack verwenden. Die Holzköpfe mit Acrylfarben grundieren oder mit Glasmalfarben, da die glänzende Farbe gut zu den Flaschen passt. Haare bestehen aus Federn, Lackdraht, Aludraht, Engelshaar oder Bastlocken. Ohren werden aus Filz, Laternenfolie oder Halbkugeln aus Holz gearbeitet.

Zur Flaschengestaltung

Flaschen und Details aus Laternenfolie mit Glasmalfarben oder Satinierfarben bemalen. Flächen mit Strukturpaste bearbeiten und mit Acrylfarben einfärben. Mit Folienkleber und Metallic-Folie werden wirkungsvolle Linien oder Schriften angebracht. Arme aus leicht zu biegendem Aludraht formen oder aus Bast flechten. Scheibenmagnete dienen als Notizzettelhalter.

Die Kleber

Ein transparenter Silikonkleber (z. B. UHU SILIKON) sichert Haare und Halsverbindungen in der Bohrung der Holzkugel und in den Flaschen. Filz mit Kraftkleber (z. B. UHU kraft alleskleber) fixieren.

Hinweis

Die auf diesen Seiten benannten Hilfsmittel werden in den Materialspalten nicht aufgeführt.

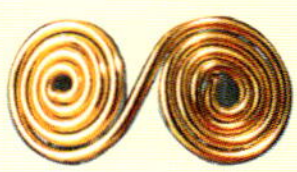

Mit Strukturpaste gestalten

Grobe weiße Strukturpaste mit einem Borsten-Flachpinsel oder einem kleinen Spachtel von innen nach außen auf der Flasche aufbringen. Mit einem Schablonenpinsel die Fläche senkrecht betupfen, so wird sie gleichmäßig. Nach dem Trocknen mit Acrylfarbe bemalen.

Satinieren

1 Die Motivteile mit Isolierband oder Schablonen begrenzen. Isolierband kann gerade, aber auch geschwungen aufgeklebt werden. Schablonen aus selbstklebender Folie mit einem Skalpell auf einer schnittfesten Unterlage ausschneiden und auf der Flasche gut andrücken. Die Schablone kann nur einmal verwendet werden.

2 An einem kleinen Stück Schwamm eine Halteklammer befestigen, Satinierfarbe mit dem Schwamm aufnehmen und die Motivflächen zügig senkrecht betupfen, bis eine gleichmäßige Farbfläche entsteht. Das Isolierband bzw. die Schablonen abheben, bevor die Farbe antrocknet; so bleiben die Ränder schön gerade. Die Farbe im Backofen 20 Minuten bei 150° C einbrennen und auskühlen lassen. Herstellerhinweise beachten.

Malen mit Glasmalfarben

Als Begrenzung Isolierband benutzen, das abgezogen wird, solange die Farbe noch feucht ist. Glasmalfarben mit dem Pinsel aufmalen oder mit einem an einer Halteklammer befestigten Schwämmchen auftragen. Damit können fließende Farbübergänge gearbeitet werden: Zwei Farben aneinander tupfen und den Übergang durch mehrmaliges Aufsetzen des Schwämmchens fließend gestalten. Pinsel mit einem speziellen Pinselreiniger säubern!

Aludraht verarbeiten

Aluminiumdraht (2 oder 3 mm ∅) ist leicht mit den Fingern zu formen. Nur für ganz enge Spiralen eine kleine Rundzange (Rosenkranzzange) benützen: Dazu das Drahtende mit den Zangenspitzen festhalten und die Zange drehen. Nach eineinhalb Drehungen mit den Fingern weiterarbeiten.

Lackdraht-Haare

Den Lackdraht über einer Stricknadel (2 mm ∅ oder 3 mm ∅) zur Spirale eindrehen. Die Spirale abnehmen, leicht dehnen und in Stücke (10 cm) schneiden. Mehrere Abschnitte zusammenfassen, in der Mitte ein 2 cm langes Stück gerade ziehen, miteinander verdrehen, knicken und mit Silikon in die Holzkugel-Bohrung einkleben.

Wassergeister

Material

Wassermann

- Flasche in Blau, 20 cm
- Holzkugel, 45 mm ∅
- Rundstab aus Holz, 8 mm ∅
- 2 Halbkugeln aus Holz, 20 mm ∅
- Reagenzglas, 25 mm ∅, 15 cm
- Aludraht in Grün, 3 mm ∅
- Satinierfarbe in Frost
- Isolierband, 12 mm
- Acrylfarben in Maigrün, Weiß, Ultramarin
- Bastlocken in Hellgrün

Frosch

- Flasche, 30 cm
- Teelichthalter in Grün, 80 mm x 30 mm
- Glasmalfarbe in Gelb, Grün
- Mosaiksteine in Grün, rund
- Glanzlack in Schwarz, Weiß
- Laternenfolie, 0,2 mm
- Aludraht in Grün, 3 mm ∅

Fisch

- Flasche, flach, 18,3 x 10 cm
- Glasmalfarben in Grün, Blau
- Acrylfarben in Weiß, Schwarz
- Isolierband, 12 mm breit

Vorlagen A1 – A3

Wassermann

1 Isolierband in senkrechten Schlangenlinien so auf die Flasche kleben, dass die frei bleibenden Streifen spitz auslaufen. Die Flasche satinieren (s. Seite 5).

2 Die 45-mm-Holzkugel als Kopf bemalen. Als Hals 4 cm Rundstab verwenden. Diesen zur Hälfte in die Bohrung der Holzkugel, die andere Hälfte mit Silikon in den Flaschenhals einbinden. 80 cm Aludraht mit der Mitte fünfmal um den Flaschenhals wickeln; die Enden zu flachen Spiralhänden eindrehen.

3 Ein Reagenzglas mit Silikon an die Flasche kleben; den Kleber mit Baststreifen verdecken. Die Hände auf dem Glas fixieren und mit bemalten Halbkugeln bekleben. Als Haare gerollten Bast in die Bohrung einkleben. Einen Baststreifen als Schal umbinden.

Beim ***Frosch*** Glasmalfarbe mit einem Schwämmchen auf Flasche und Laternenfolie tupfen. 90 cm Aludraht mittig dreimal um den Flaschenhals wickeln; die Enden zu flachen Spiralen eindrehen. Die Hände aus der Folie ausschneiden und mit Silikon fixieren. Glassteine auf den Teelichthalter kleben, das Gesicht aufmalen und den Kopf mit Silikon auf der Flasche fixieren.
Hinweis: Die Folienhände wegen der Kerzenwärme etwa 8 cm weit vor die Kerzenflamme biegen.

Beim ***Fisch*** die Malflächen mit Isolierband begrenzen. Mit einem Schwamm Glasmalfarben auftupfen. Nach dem Trocknen mit Acrylfarben das Auge aufmalen.

FÜR
DICH

Coole Typen

Material

- 2 Glasflaschen (eckig), 21,5 cm
- 2 Holzkugeln, 45 mm ∅
- Glasmalfarben in Gelb, Grün, Blau
- Acrylfarben in Maigrün, Weiß, Schwarz
- Aludraht in Grün, 2 mm ∅
- Isolierband, 15 mm

Vorlagen B1, B2

1 In Abständen Isolierband quer um die Flaschen kleben. Glasmalfarbe mit dem Schwämmchen auftupfen. Die Holzkugeln ebenfalls mit Glasmalfarbe in Gelb-Grün grundieren. Gesichter mit Acrylfarben aufmalen.

2 Für die Arme die Mitte eines 60 cm langen Aludrahtes einmal um den Flaschenhals biegen; die Enden zur flachen Spirale eindrehen. Aus einem 20 cm langen Aludraht eine Doppelspirale als Schleife formen und aufkleben.

3 Das Ende eines 30 cm langen Aludrahtes in die Holzkugel einkleben und in die Flasche stellen; das sichtbare Hals-Stück zur Spirale formen. Als Haare ein bzw. zwei 20 cm lange Stücke vom Aludraht in der Mitte knicken und die Enden zur Spirale eindrehen (4 mm ∅); die Haare mit dem Knick in die Bohrung der Holzkugel einkleben.

Flaschen mit Vasen

Material

Clown

- Flasche, oval, 32 cm
- Rohholz-Ei, 40 x 60 mm
- Glasmalfarben in Violett, Orange
- Acrylfarben in Rot, Fleischfarbe, Weiß, Schwarz
- Marabufeder in Pink
- Aludraht, 3 mm ∅
- Reagenzglas, 18 cm ∅, 20 cm
- Laternenfolie, 0,2 mm
- Isolierband

Von Herzen alles Gute

- Flasche, quadratisch, 32 cm
- 2 Glaskegel, klar, 4 x 15 cm
- Glasmalfarben in Blau, Violett, Dunkelrot
- Rohholz-Ei, 40 x 60 mm
- Acrylfarben in Fleischfarbe, Schwarz, Weiß, Rosé
- Aludraht, 3 mm ∅
- Marabufedern in Violett
- Klebefolie
- Isolierband

Vorlagen C1, C2

Clown

1 Aus Isolierband zwei Dreiecke als Trennung der Hosenbeine aufkleben; ebenso den Oberkörper begrenzen. Glasmalfarbe mit einem Schwämmchen auf die Flasche und Laternenfolie tupfen. Hände und Schleife ausschneiden.

2 Das Holz-Ei mit einem Gemisch aus Fleischfarbe und Rehbraun grundieren und das Gesicht (das spitze Ende liegt oben) aufmalen. Als Haare seitlich Marabufedern fixieren und den Kopf mit Silikon auf die Flasche kleben. 90 cm Aludraht mit der Mitte dreimal um den Flaschenhals wickeln, den Draht um das Reagenzglas führen und in flachen Spiralen enden lassen. Hände und Schleife mit Silikon ankleben.

Von Herzen alles Gute

1 Die Ecken der Flasche jeweils mit Isolierband so bekleben, dass auf den geraden Seiten Dreiecke entstehen. Den oberen Rand ebenfalls mit Isolierband begrenzen. Glasmalfarbe mit einem Schwämmchen auftupfen. Auf die Glaskegel eine Herz-Schablone aus Klebefolie aufkleben und den Ausschnitt mit Glasmalfarbe betupfen.

2 Aludraht (90 cm) dreimal mit der Mitte um den Flaschenhals wickeln, den Draht um die Kegel herum biegen und in flachen Spiralen enden lassen. Das Holz-Ei in Fleischfarbe grundieren und das Gesicht aufmalen (das spitze Ende nach unten). Marabufedern in die Bohrung einkleben und den Kopf mit Silikon aufkleben.

Teddy & Giraffe

Material

Teddy

- Flasche (bauchig), 26 cm
- Holzkugeln, 1x 60 mm ∅, 2x 20 mm ∅
- Halbkugeln aus Holz, 1x 30 mm ∅, 2x 25 mm ∅
- Glasmalfarben in Gelb, Braun
- Acrylfarben in Rosé, Weiß, Schwarz, Maigrün, Karmin
- Strukturpaste, grob
- Langhaarplüsch in Blond
- Laternenfolie, 0,2 mm
- Bast in Hellbraun, 6x 70 cm

Giraffe

- Flasche (bauchig), 22 cm
- Holzkugel, 50 mm
- Halbkugel aus Holz, 25 mm ∅
- Glasmalfarben in Gelb, Braun
- Aludraht in Gold, 3 mm ∅
- Acrylfarben in Weiß, Schwarz
- Filz in Rotbraun
- Glitterfilz in Weiß

Vorlagen D1, D2

Teddy

1 Flasche, Holzteile und die Laternenfolie für die Füße mit Glasmalfarben grundieren; die Füße nach dem Trocknen ausschneiden. Hose und Hosenträger aus Strukturpaste auftragen und nach dem Trocknen mit Acrylfarben bemalen. Ohren und Schnauze mit Silikon ankleben; den Übergang mit einem schmalen Streifen Plüsch bedecken.

2 In das Bohrloch der Kugel ein Haarbüschel aus Plüsch einkleben; die Haare nach Wunsch einkürzen. Das Gesicht mit Acrylfarben aufmalen, den Kopf aufkleben. Drei von sechs Baststreifen (je 70 cm lang) mit der Mitte vor, drei hinter dem Hals herumführen und an den Seiten miteinander verknoten. Zöpfe als Arme flechten. Als Hände Holzkugeln aufschieben; darunter einen Knoten legen und Überstände abschneiden. Die Folienfüße unter der Flasche ankleben.

Giraffe

Flasche, Holzkugel und Halbkugel in Gelb grundieren und mit Silikon zusammenkleben. Nach dem Trocknen braune Flecken aufmalen und das Gesicht mit Acrylfarben aufzeichnen. Ohren aus Filzlagen zusammenkleben und am Hinterkopf fixieren. Einen 15 cm langen Aludraht in der Mitte knicken und mit dem Knick in die Bohrung der Kugel einkleben; die Enden mit der Zange rund eindrehen.

Eisbär & Pinguin

Material

Eisbär

- Flasche „gefrostet", 29 cm
- Aludraht, 3 mm ∅
- Lackdraht in Silber, 0,5 mm ∅
- Strukturpaste, grob
- Holzkugel, 6 cm ∅
- Halbkugeln aus Holz, 2x 20 mm ∅, 1x 25 mm ∅
- Acrylfarben in Weiß, Schwarz
- Langhaarplüsch in Weiß

Pinguin

- Flasche, quadratisch, 21 cm
- Holzkugel, 45 mm ∅
- Glasmalfarbe in Schwarz
- Acrylfarben in Weiß, Schwarz
- Strukturpaste, grob
- Aludraht in Schwarz, 2 mm ∅
- Lackdraht in Schwarz, 0,5 mm ∅
- Langhaarplüsch in Silbergrau
- Formfilz in Gelb

Vorlagen E1, E2

Eisbär

1 Beine und Hals mit Strukturpaste aufbringen und bemalen. Halbkugeln als Ohren und Schnauze auf die Holzkugel kleben und mit Strukturpaste strukturieren. Den Kopf bemalen und mit Silikon auf der Flasche fixieren. Einen schmalen Streifen Plüsch am Halsansatz und im Bohrloch der Holzkugel an- bzw. einkleben.

2 Aludraht (1,2 m) dreimal mit der Mitte um den Flaschenhals wickeln, die Windungen mit Lackdraht zusammenbinden. Den Draht bogenförmig nach vorne und wieder zurück zur Flasche biegen. Die Enden zu flachen Spiralen eindrehen: eine als Boden für die Halterung, die andere als Vorderwand senkrecht biegen; beide mit Lackdraht an einer Stelle zusammenbinden.

Pinguin

1 Flasche und Holzkugel mit Glasmalfarbe grundieren. Den Brustfleck mit Strukturpaste arbeiten und weiß einfärben. Den Kopf gestalten. Einen Streifen Langhaarplüsch (1 cm breit) am Halsansatz und im Bohrloch der Kugel ankleben. Aus Formfilz einen Schnabel arbeiten; die Schnabelspitzen mit Wasser anfeuchten und nach oben bzw. unten biegen. Den Schnabel aufkleben.

2 Aludraht (1,20 m) mittig knicken und in die Bohrung der Holzkugel einkleben. Den Draht nach 2 cm nach oben knicken; die beiden Knicke mit Silikon in der Flasche einkleben. Die Enden als Brillenablage zu flachen Spiralen eindrehen und diese mit Lackdraht zusammenhalten. Vorne zwei kleine Bögen senkrecht biegen, so rutscht die Brille nicht ab.

T-D1

Material

- 2 Flaschen, 19 cm
- Glasmalfarben in Gelb, Orange, Grün, Rot
- Holzkugeln, 1x 50 mm Ø, 1x 45 mm Ø
- Filz in Rot, Grün
- Acrylfarben in Weiß, Schwarz, Karmin, Fleischfarbe, Rehbraun
- Aludraht in Schwarz, 2 mm Ø
- Lackdraht in Schwarz, Rot, 0,5 mm Ø

Vorlagen F1, F2

Verliebtes Paar

1 Die Flaschen mit Glasmalfarben grundieren; nach dem Trocknen ein rotes Herz aufmalen, Hosenträger und eine Schürze aus Filz mit Kraftkleber ankleben.

2 Jeweils an den Enden eines 50 cm langen Aludrahtes eine Hand formen, die Mitte des Drahtes einmal um den Flaschenhals wickeln.

3 Die Holzkugeln in Fleischfarbe mit ein wenig Rehbraun grundieren; die Gesichter aufmalen. Mit einer Stricknadel oder einem Twister Spiralen aus Lackdraht drehen und als Haare in die Bohrung der Holzkugel einkleben (s. Seite 5). Die Köpfe mit Silikon auf der Flasche fixieren.

Kuh & Schwein

Material

Kuh

- Flasche in Grün, bauchig, 21 cm
- Holzkugel, 6 cm Ø
- Halbkugel aus Holz, 4 cm Ø
- Filz in Weiß, Grün, Rosa
- Acrylfarben in Maigrün, Moosgrün, Weiß, Schwarz, Rosé
- Strukturpaste, grob

Sparschweinchen

- Glas, 19 cm
- Holzkugel, 5 cm Ø
- Halbkugel aus Holz, 2 cm Ø
- Strukturpaste, grob
- Acrylfarben in Weiß, Schwarz, Rosé
- Filz in Rosa
- Marabufeder in Pink
- Aludraht, 3 mm Ø

Vorlagen G1, G2

Kuh

Die Halbkugel mit Silikon auf die Holzkugel kleben, den Übergang mit Strukturpaste bestreichen. Nach dem Trocknen mit Acrylfarben bemalen, Einzelne Flecken aus Strukturpaste auf dem Kopf und auf der Flasche aufbringen; seitlich Arme andeuten. Nach dem Trocknen die Motivteile mit Acrylfarben bemalen. Ohren aus Filz mit Kraftkleber befestigen. Aus zwei Halbkreisen aus Filz Kegel kleben und als Hörner fixieren. Den Kopf mit Silikon auf die Flasche kleben.

Sparschweinchen

Die Halbkugel mit der gerundeten Seite auf die Holzkugel kleben und den Übergang mit Strukturpaste fließend verstreichen. Nach dem Trocknen den Kopf mit Acrylfarben bemalen, Ohren aus Filz mit Kraftkleber aufkleben und eine Marabufeder in der Bohrung der Holzkugel fixieren. Einen 30 cm langen Aludraht als Hals in die untere Bohrung einkleben; den überstehenden Draht zu einer Spirale eindrehen. Beine und Brust mit Strukturpaste auf dem Glas andeuten und nach dem Trocknen mit Acrylfarben bemalen.

Efeu-Wichtel & Hahn

Material

Efeu-Wichtel

- Glasflasche in Braun, 25 cm
- Holzkugel, 5 cm Ø
- Rundstab aus Holz, 8 mm Ø
- Topf, 4 cm Ø
- Strukturpaste, grob
- Filz in Rosa, Maigrün
- Lackdraht in Smaragd, 0,5 mm Ø
- Acrylfarben in Weiß, Schwarz, Karmin, Fleischfarbe, evtl. Rehbraun, Maigrün
- Efeu
- 2 Knöpfe in Rot, ca. 10 mm Ø

Hahn (+Titelhahn)

- Flasche in Grün, 30 cm
- Flasche in Blau, 19 cm
- Holzkugel, 45 mm Ø
- Rundstab aus Holz, 8 mm Ø
- Filz in Zitronengelb, Rot, Maigrün, Lindgrün
- Formfilz in Blau, Grün
- Acrylfarben in Maigrün, Karmin, Weiß, Schwarz

Vorlagen H1 – H3

Efeu-Wichtel

1 Den Blumentopf bemalen und mit Silikon an der Flasche fixieren. Die Holzkugel mit Fleischfarbe und etwas beigemischtem Rehbraun grundieren, das Gesicht aufzeichnen. Als Hals 4 cm vom Rundstab verwenden und mit Silikon zur Hälfte in die Bohrung kleben. Die andere Hälfte in der Flasche fixieren.

2 Als Jacke Strukturpaste aufstreichen und mit einem Schablonenpinsel mit senkrechten Stupfbewegungen strukturieren. Die Arme in einem zweiten Arbeitsschritt erhaben auftragen. Die Jacke mit Karmin bemalen; unter den Armen mit Schwarz abdunkeln. Knopflöcher andeuten und Knöpfe aufkleben. Filzhände am Blumentopf mit Kraftkleber fixieren.

3 Drahtspiralen drehen, etwas dehnen und nochmals um den Stab wickeln. Die eingedrehten Spiralen als Haare in die Bohrung der Holzkugel einkleben.

Hahn

Für jeden Hahn die Holzkugel bemalen und 4 cm vom Rundstab als Hals zur Hälfte in die Bohrung einkleben. Aus einem Filz-Rechteck eine Röhre für den Schnabel kleben und die Schnabelform ausschneiden. Den Kamm zweifach aus Filz schneiden und bis auf den unteren Rand zusammenkleben. Kamm und Schnabel mit Kraftkleber fixieren, dabei auf beiden Seiten des Kammes eine Feder aus Filz aufkleben. Den Hals mit Silikon in die Flasche kleben. Federn und Flügel aus Formfilz schneiden und aufkleben.

Nützliche Vögel

Material

Vogel

- Flasche in Blau, viereckig, 28,5 cm
- Holzkugel, 5 cm ∅
- Aludraht, 3 mm ∅
- Acrylfarben in Maigrün, Ultramarin, Weiß, Schwarz
- Satinierfarbe in Frost
- Folienkleber
- Metallic-Folie in Silber
- 3D-Lack
- Klebefolie

Vogel mit Jungem

- Flasche, 8 cm
- Flasche in Blau, 19 cm
- Holzkugeln, 1x 45 mm ∅, 1x 25 mm ∅
- Glasmalfarben in Gelb, Grün, Blau
- Acryl-Mattfarben in Weiß, Schwarz
- Aludraht, 3 mm ∅
- Marabufedern in Grün, Gelb
- Laternenfolie, 0,2 mm

Vorlagen J1, J2

Schmucker Vogel

1 Schablonen für die Flügelfedern anfertigen, aufkleben und die Ausschnitte satinieren (s. Seite 5). Nach dem Trocknen auf den Umrissen der Federn Folienkleber auftragen. Wenn der Kleber transparent ist, Metallic-Folie mit der silbernen Seite nach oben auflegen und mit den Fingern gut andrücken.

2 Die Enden eines 70 cm langen Aludrahtes zu flachen Spiralen eindrehen; den Draht um den Flaschenhals wickeln. Die Holzkugel bemalen. Drei Aludrähte (1x 40 cm, 2x 30 cm) an einem Ende zu einer flachen Spirale eindrehen. Die anderen Enden in der Bohrung der Holzkugel einkleben; dabei schaut das längste Stück als Schnabel heraus. Den Kopf mit Silikon auf der Flasche fixieren und nach Wunsch lackieren.

Vogel mit Jungem

Das kleine Fläschchen, Laternenfolie und die Holzkugeln mit Glasmalfarben grundieren. In den kleinen Kopf zwei 10 cm lange Aludrähte einkleben; den überstehenden Draht als Schnabel v-förmig auseinander biegen, die anderen Enden zu Spiralen eindrehen. In den größeren Kopf zwei Aludrähte (1x 20 cm, 1x 30 cm) einkleben; das längere Stück schaut als Schnabel vorne heraus. Die Enden zu flachen Spiralen eindrehen. Augen aufmalen. Die Köpfe mit Silikon auf den Flaschen fixieren, die Flaschen mit Silikon zusammenfügen und die aus der Folie ausgeschnittenen Flügel befestigen. Um den Hals herum Federn drapieren.

Schön, dass du
geboren bist, Lis!

Von Herzen

Material

Engel

- Flasche in Blau, 34,5 cm
- Holzkugel, 5 cm ∅
- Spiegel „Mond", 38 x 15 mm
- Spiegel „Quadrat", 15 x 15 mm
- Faserseide in Weiß
- Folienkleber
- Metallic-Folie in Silber
- Aludraht, 2 mm ∅
- Lackdraht in Silber, 0,5 mm ∅
- Acrylfarben in Fleischfarbe, Weiß, Schwarz, Rosé
- 2 Plexiglas-Herzen in Fuchsia, 24 x 14 mm
- Transparent-Nähfaden

Herzmännchen

- Flasche in Hellblau
- Lackdraht in Pink, 0,5 mm ∅
- Klebefolie
- Satinierfarbe in Frost, Blau
- Acrylfarben in Weiß, Schwarz
- Plexiglas-Herz in Fuchsia, 24 x 14 mm
- Isolierband
- Transparent-Nähfaden

Vorlagen K1, K2

Engel

1 Je zwei quadratische Spiegel versetzt zum Stern mit Kraftkleber aufeinander kleben. Sterne und Mond mit Silikon auf der Flasche fixieren. Mit Folienkleber die Schrift anbringen. Wenn der Kleber transparent ist, die Metallic-Folie mit der silbernen Seite nach oben auflegen und mit den Fingern gut andrücken; anschließend die Folie abziehen.

2 Einen 70 cm langen Aludraht an den Enden zu Händen formen und anschließend mit der Mitte dreimal um den Flaschenhals wickeln. Herzen mit transparentem Faden anbinden. Flügel aus Faserseide mit Silikon fixieren. Die Holzkugel mit Acrylfarben bemalen. Lackdraht zu Spiralen (3 mm ∅) drehen und als Haare in die Bohrung der Holzkugel einkleben (s. Seite 5). Einen 30 cm langen Aludraht als Hals in die Bohrung einkleben, den überstehenden Draht zur Spirale drehen und in die Flasche stecken.

Herzmännchen

Die Gesichtsfläche und die übrigen Flächen mit geschwungen aufgeklebtem Isolierband begrenzen. Auf die Fläche der Jacke ein aus Klebefolie geschnittenes Herz kleben und alles mit Frostfarbe satinieren (s. Seite 5). Nach dem Trocknen das Gesicht aufmalen. Für die Haare Lackdraht zu Spiralen (3 mm ∅) eindrehen (s. Seite 5); die gedehnten Spiralen in der Mitte zusammenfassen und verdrehen. Ein Herz am Lackdraht anbinden. Dann die Haar-Mitte knicken und in die Flasche stecken.

HAB ICH
FÜR DICH
VOM
HIMMEL
GEHOLT

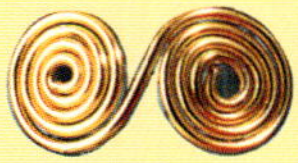

Hochzeitspaar

Material

- 2 Flaschen, 30 cm
- Holzkugeln, 1x 60 mm ∅, 1x 50 mm ∅
- Satinierfarbe in Frost, Gold
- Isolierband
- Fertigschablonen „Rosen"
- Acrylfarben in Fleischfarbe, Schwarz, Weiß, Karmin, Rosé, Rehbraun
- Aludraht in Gold, 2 mm ∅
- Reagenzglas, 18 mm ∅, 20 cm
- Glitterfilz in Rot
- Engelshaar in Rot-Gold
- Lackdraht in Schwarz, 0,5 mm ∅
- Messingdraht, 0,3 mm ∅

Vorlagen L1, L2

Tipp

Die Figuren haben abnehmbare Köpfe und können mit Geldgeschenken gefüllt werden.

1 Hose und Jacke des Mannes mit Isolierband begrenzen; das Ende des Bandes zwischen den Beinen spitz zuschneiden. Mit einem Schwämmchen Satinierfarbe in Gold auftupfen. Nach dem Trocknen und Einbrennen mit schwarzer Acrylfarbe Streifen und Knöpfe aufmalen.

2 Bei der Frau die Rosenschablonen aufdrücken und mit Satinierfarbe in Frost betupfen (s. Seite 5). Seitlich Isolierband wellenförmig aufkleben und so Flächen begrenzen. Ebenfalls in Frost einfärben. Die Farben einbrennen.

3 Bei Mann und Frau je 60 cm Aludraht mit der Mitte einmal um den Flaschenhals wickeln; die Drähte an den Seiten mit Messingdraht zusammenbinden. Die Aludrähte zu flachen Spiralenhänden eindrehen. Nach Wunsch den jeweils nach innen zeigenden Arm um ein Reagenzglas wickeln; die Windungen unter dem Rand des Reagenzglases mit Messingdraht zusammenbinden.

4 Aus 30 cm Aludraht eine Doppelspirale als Schleife für den Mann, aus zwei Aludrähten (20 cm) je eine Doppelspirale als Knöpfe für die Frau drehen und mit Silikon fixieren.

5 Die Holzkugeln in Fleischfarbe grundieren und Gesichter aufmalen. Beim Mann Lackdraht über einer Stricknadel zu Spiralen eindrehen und als Haare in die Bohrung einkleben (s. Seite 5). Den Kopf der Frau mit Engelshaar umgeben und mit Messingdraht fixieren. Je einen 20 cm langen Aludraht mit Silikon in die Bohrung der Kugel einkleben, als Hals zu einer Spirale formen und in die Flasche stecken.

Zettelhalter

Material

Briefträger

- Flasche, viereckig, 26,5 cm
- Holzkugel, 5 cm ∅
- Satinierfarben in Forst, Blau
- Isolierband
- Acrylfarben in Fleischfarbe, Rehbraun, Weiß, Schwarz
- Folie, 0,4 mm
- 8 Scheibenmagnete, 14 mm ∅
- Aludraht, 3 mm ∅
- Lackdraht in Silber, 0,5 mm ∅

Vergesslicher Professor

- Flasche, quadratisch
- Satinierfarbe in Frost
- Glanzlack in Schwarz
- Aludraht, 2 mm ∅
- Golddraht, 0,6 mm ∅
- Lackdraht in Silber, 0,5 mm ∅
- Isolierband
- Klebefolie

Vorlagen M1, M2

Briefträger

1 Die Jacke mit Isolierband begrenzen und mit Frost und Blau satinieren (s. Seite 5). Folie für die Briefhalter wellenförmig mit Isolierband bekleben und die Zwischenstreifen mit Frost betupfen. Die Formen ausschneiden, die gepunkteten Linien vorprägen und knicken. Für die Schleife etwas Folie in Blau einfärben.

2 Aludraht (80 cm) mittig dreimal um den Flaschenhals wickeln; die Enden zu flachen Spiralen eindrehen. Die Briefhalter mit Silikon an der Flasche und den Spiralhänden fixieren. Die Schleife ankleben. In Abständen vier Magnete mit Sekundenkleber befestigen; lose Magnete halten Kleinigkeiten fest. Die Holzkugel als Kopf bemalen. Haar-Spiralen aus Lackdraht (2 mm ∅) drehen (s. Seite 5) und in die Bohrung einkleben. Den Kopf mit Silikon fixieren.

Vergesslicher Professor

1 Isolierband nach Vorlage aufkleben. Für das Gesicht eine Schablone aus Klebefolie schneiden und aufkleben. Satinierfarbe auftupfen (s. Seite 5). Augen, Augenbrauen und Mund mit Lack aufmalen.

2 Aludraht (80 cm) mittig dreimal um die Flasche wickeln; zu Spiralen eindrehen. Die Drähte am Hals mit Lackdraht zusammenhalten. Für die Haare zehn 30 bzw. 40 cm lange Aludrähte abschneiden. Die Enden zu verschieden großen Spiralen eindrehen. 3 cm über der kleinen Spirale die Drähte knicken und die Knicke so weit in die Flasche stecken, dass die kleinen Spiralen am Flaschenrand aufliegen. Aus Golddraht eine Brille biegen und an zwei „Haaren“ befestigen.

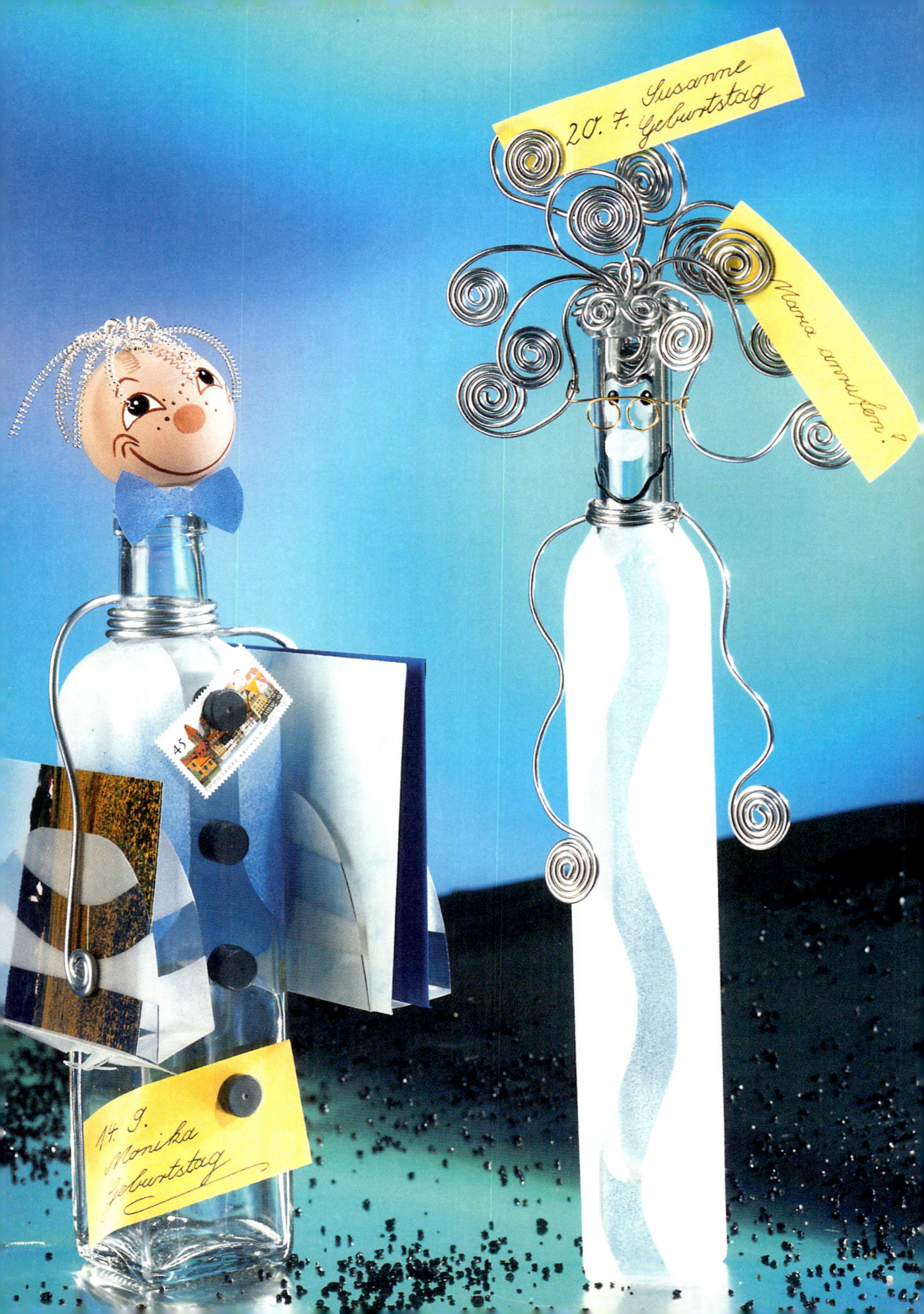
20. 7. Susanne Geburtstag
Maria anrufen!
14. 9. Monika Geburtstag

Himmel & Hölle

Material

Lichter-Engel

- Flasche in Hellblau, 20 cm
- Holzkugel, 45 mm ∅
- Rundstab, 8 mm ∅
- 2 Halbkugeln, 20 mm ∅
- Engelshaar in Silber
- Glas-Teelicht in Blau
- Satinierfarbe in Frost
- Laternenfolie, 0,2 mm
- Klebefolie
- Aludraht, 3 mm ∅, 40 cm
- Acrylfarben in Fleischfarbe, Weiß, Schwarz, Karmin

Feuer-Teufelchen

- Flasche in Rot, 34,5 cm
- Holzkugel, 6 cm ∅
- Aludraht in Rot, 3 mm ∅
- Zierspiegel „Dreieck“, 20 mm
- Glasmalfarbe in Hellrot
- Acryl-Mattfarben in Weiß, Schwarz
- Lackdraht in Schwarz, 0,5 mm ∅
- Holz-Rundstab, 8 mm ∅
- Mosaikglasstein, rund, in Rot
- Teelichthalter in Rottönen, 50 x 35 mm

Vorlagen N1, N2

Lichter-Engel

1 Das Gesicht auf die Holzkugel malen, die Halbkugeln fleischfarben einfärben. Als Haare Engelshaar mit Silikon um den Kopf fixieren. 4 cm vom Rundstab zur Hälfte als Hals in die Bohrung kleben.

2 Stern- und Mond-Schablonen aus Klebefolie schneiden, auf die Flasche kleben und die Ausschnitte satinieren (s. Seite 5). Die Farbe im Backofen einbrennen.

3 Als Arme 40 cm Aludraht mit der Mitte einmal um den Flaschenhals wickeln; die Enden zu Spiralhänden eindrehen. Den Hals in die Flasche kleben, das Teelicht auf dem Kopf, die Hände am Teelicht befestigen und mit den Halbkugeln bekleben. Die Flügel aus Laternenfolie in Frost satinieren und an der Flasche fixieren.

Feuer-Teufelchen

1 Die Holzkugel grundieren, das Gesicht aufmalen und einen Glasstein als Nase fixieren. Lackdraht zu Haar-Spiralen drehen (s. Seite 5) und in die Bohrung kleben. Den Rundstab mit einem Bleistiftspitzer zuspitzen. Zwei 2 cm lange Stücke als Hörner absägen, schwarz bemalen und fixieren. 30 cm Aludraht über einem Stift zur Spirale drehen; ein Ende in die untere Bohrung kleben.

2 Aludraht (1,5 m) mittig zweimal um den Hals wickeln; die Enden zu flachen Boden-Spiralen für das Teelicht eindrehen, dann den Draht um das Teelicht herum nach oben wickeln.

Impressum

ISBN 3-419-56579-8

Lektorat:
Irmgard Böhler, Wiesbaden

Styling und Fotos:
Christoph Schmotz, Freiburg

Layoutentwurf:
Network!, München

Gesamtproduktion:
smp, Freiburg

Satz:
Gisa Bonfig, Freiburg

Druck:
Freiburger Graphische Betriebe

Wir sind für Sie da, wenn Sie Fragen haben.
Und wir interessieren uns für Ihre eigenen Ideen und Anregungen.
Schreiben Sie uns, wir hören gern von Ihnen!
Ihr Christophorus-Team

Verlag Herder GmbH
Christophorus-Verlag
Hermann-Herder-Str. 4
79104 Freiburg
Tel.: 0761/2717-0
Fax: 0761/2717-352
e-mail:
info@christophorus-verlag.de

www.christophorus-verlag.de

Profitipp der Autorin

Filz stärken

Falls der Modellierfilz im Hobby-Fachhandel nicht erhältlich sein sollte, Filzplatten mit Sprühstärke einsprühen und trocken bügeln. Um Unterlage und Bügeleisen zu schützen, dabei Filz zwischen Backpapier legen. Eventuell zwei Filzplatten zusammenkleben.

Weitere Titel aus dieser Reihe

3-419-56578-X

3-419-56545-5

3-419-56365-5